Inhalt

IT-Consumerization - Private Smartphones und Tablets stellen Firmen vor Sicherheitsprobleme

Kernthesen

Beitrag

Fallbeispiele

Weiterführende Literatur

Impressum

GENIOS WirtschaftsWissen Nr. 04 vom 06.04.2012

IT-Consumerization - Private Smartphones und Tablets stellen Firmen vor Sicherheitsprobleme

Harald Reil

Kernthesen

- Laut einer Befragung unterlaufen 36 Prozent der Mitarbeiter mit ihren Kommunikations-Tools bewusst die Sicherheitsvorschriften ihrer Firmen.
- Da sich der Missbrauch nicht unterbinden lässt, versuchen inzwischen immer mehr IT-Experten, private Smartphones und Tablets in die Sicherheitsarchitektur ihrer Firmen einzubinden.

- Junge Arbeitnehmer und Führungskräfte lassen sich mit einer liberalen Bring-Your-Own-Device-Policy oftmals sogar leichter anheuern. Arbeitgeber machen sich diese Einstellung zunutze und ködern Nachwuchskräfte just mit diesem Argument.

Beitrag

IT-Experten wünschen sich in vordigitale Ära zurück

Die neuesten Entwicklungen in der Informationstechnologie stoßen nicht überall auf Gegenliebe. Es scheint, dass sich vor allem IT-Experten in Unternehmen manchmal in die vordigitale Ära zurückwünschten, als noch Schreibmaschinen den Takt angaben. Der Grund für das Unbehagen sind die Gefahren für die Datensicherheit, die sich durch Smartphones und Tablet-PCs auftun. Mitarbeiter, die diese Tools in ihrer Freizeit gerne nutzen, wollen auch im Job nicht darauf verzichten. Verbote helfen da wenig, da Führungskräfte bis hinauf zur Spitze der Hackordnung von ihren neuen Gadgets genauso angetan sind wie ihre Untergebenen. (1), (2), (3)

Firmen mit BYOD-Policy sind noch in der Minderheit

Eine aktuelle Untersuchung zeigt, dass die IT-Consumerization längst in deutschen Unternehmen angekommen ist. In 53 Prozent der befragten Firmen ist die Nutzung eigener Geräte erlaubt, in 27 Prozent ist sie nicht verboten, nur in zwanzig Prozent ist sie ausdrücklich untersagt. Das Problem: In mehr als drei Viertel der 261 Firmen, in denen Mitarbeiter ihre eigenen Kommunikationstools explizit verwenden dürfen, gibt es keine ausdrücklichen Vorschriften, die den Gebrauch regeln. Wenn auch 34 Prozent der befragten Unternehmen solche Regeln demnächst einführen wollen, so bleiben immerhin noch knapp dreißig Prozent, die darauf verzichten. Das ist untragbar. Schließlich betrifft der fahrlässige Umgang mit privaten Kommunikationstools, die auf firmeninterne Daten zugreifen, auch sensible Kundeninformationen. Das heißt: Die Gefahr von Sicherheitslücken durch eine allzu liberale BYOD-Policy scheint zu wachsen. Dies lässt sich auch mit Zahlen untermauern. (10)

Hundertprozentiger Schutz ist nicht möglich

Bei einer Befragung von 4 000 Mitarbeitern gaben 45 Prozent der Interviewten zu Protokoll, dass sie ihre persönliche Hard- und Software für besser als die Ausstattung ihrer Firma hielten. 36 Prozent sagten während derselben Befragung, sie würden die Sicherheitsvorschriften ihres Unternehmens bewusst unterlaufen und lieber mit ihren eigenen Geräten arbeiten; 32 Prozent räumten ein, sie würden arbeitsrelevante Daten auch online speichern. Die Untersuchung macht deutlich, wo der Schuh drückt: Da viele private Kommunikationstools noch nicht einmal einen Virenscanner haben, geschweige denn eine Firewall oder andere Programme, mit denen Unternehmen im Normalfall ihre Daten schützen, der Gebrauch dieser Geräte sich aber auch nicht unterbinden lässt, müssen IT-Experten wohl oder übel versuchen, sie in die Kommunikationslandschaft ihrer Firmen einzubinden. Das ist zwar nicht unmöglich, dennoch aber bleiben Risiken. (1), (4)

Angestellte gefährlicher als Hacker

Markforscher haben den Einfluss von mobilen Endgeräten auf die Informationssicherheit von Unternehmen erforscht. Zwei Ergebnisse sind besonders ernüchternd: Auf knapp fünfzig Prozent der Kommunikations-Tools sind sensible Kundendaten gespeichert. 72 Prozent der 768 weltweit befragten IT-Experten gaben außerdem zu Protokoll, dass sie die Sicherheitsbedrohungen, die Angestellte verursachten, für größer hielten, als die Gefahren, die von Hackern ausgingen. (8), (9)

Eine liberale BYOD-Policy hat auch Vorteile

Trotzdem hat die IT-Consumerization auch Vorteile. Denn junge Mitarbeiter und Führungskräfte lassen sich mit einer liberalen BYOD-Device-Policy leichter anheuern als mit einer restriktiven. Eine Umfrage unter rund 3 000 Studenten und jüngeren Arbeitnehmern bestätigt dies. Zwei von fünf der Befragten sagten, dass sie auch auf Gehalt verzichten würden, wenn sie dafür in einem Unternehmen arbeiten könnten, in dem die Nutzung von Social Media und die Wahl von Kommunikations-Tools großzügig geregelt seien. Das scheint sich mittlerweile auch bei Arbeitgebern herumgesprochen zu haben. Bei derselben Befragung gaben 41 Prozent der jungen Mitarbeiter an, dass die Firmen, die um sie geworben haben, sie just mit diesen Argumenten geködert haben. (1), (6)

IT-Verantwortliche müssen an Sicherheitsarchitektur feilen

Die Nutzung privater Smartphones und Tablets wird sich Unternehmen immer mehr durchsetzen; und da es auch nicht absehbar ist, dass sich der Trend jemals umkehren wird, müssen IT-Verantwortliche in Unternehmen wohl oder übel an ihren Sicherheitsarchitekturen feilen. Tun sie das nicht, ist nach Ansicht von Experten die Anarchie programmiert. Neben einer ganzheitlichen, mehrdimensionale Mobile-Security-Strategie, ist vor allem auch eine Sensibilisierung der Mitarbeiter im Hinblick auf die Nutzung mobiler Daten und Endgeräte essentiell. (5), (8)

Trends

Demokratisierung der IT-Infrastruktur

Die IT-Consumerization ist nicht nur ein Köder für

junge Mitarbeiter und Führungskräfte. Sie führt auch zu einer Demokratisierung der IT-Politik und zu einer Optimierung der IT-Infrastruktur. Da Mitarbeiter schon aus eigenem Interesse die neuesten Entwicklungen auf dem Hard- und Software-Markt verfolgen, bleiben sie in diesem Punkt auch up-to-date. Die Schwarmintelligenz, also das Wissen und der Druck der Masse, bestmögliche Lösungen nicht nur zu finden, sondern auch durchzusetzen, wird daher dazu führen, dass sich die Unternehmens-IT kontinuierlich verbessert. (6)

Heimarbeit wird zunehmen

Der Gebrauch eigener Kommunikations-Hardware und -Software wird auch dazu führen, dass Arbeitsplätze weiter flexibilisiert werden. Das heißt, die Zahl von Home-Office-Arbeitsplätzen wird zunehmen. (7)

Fallbeispiele

IBM und SAP erlauben private Kommunikationstools

IBM hat letztes Jahr 100 000 seiner Mitarbeiter erlaubt, ihre privaten Smartphones auch für den Job zu verwenden. Dieses Jahr will das US-amerikanische Unternehmen dieses Privileg auf weitere 100 000 ihrer insgesamt über 400 000 Mitarbeiter ausweiten. Im Gegensatz dazu behält sich IBM vor, diese Geräte in sein Sicherheitskonzept zu integrieren. SAP geht sogar noch einen Schritt weiter. Das Hoffenheimer Unternehmen gestattet seinen Angestellten nicht nur, ihre eigenen Geräte zu nutzen, sondern stellt ihnen auch neue Tools von Research In Motion (RIM) und Samsung zur Verfügung, die es aber selbstverständlich vorkonfiguriert. (1)

Lidl ködert Mitarbeiter mit iPads

Lidl scheint sein Problem, geeignete Führungskräfte zu finden, in den Griff bekommen zu haben. Nach Ansicht von Experten ist dafür eine transparente Mobility-Strategie und die Einführung von iPads verantwortlich. Das ist ein gewaltiger Fortschritt: Noch vor wenigen Jahren standen in vielen Filialen noch nicht einmal PCs. (6)

Weiterführende Literatur

(1) Reiz und Risiko privater Smartphones im Job

"Bring your own device" - Der Wildwuchs von mitgebrachten Handys und Tablets am Arbeitsplatz ist nicht zu stoppen. Für Unternehmen ist das vor allem ein Sicherheitsproblem. Sie können den Trend aber auch für sich nutzen.
aus FINANCIAL TIMES Deutschland

(2) Da könnt' ja jeder kommen
aus Frankfurter Allgemeine Zeitung, 06.12.2011, Nr. 284, S. B10

(3) ByoD - aber sicher
aus Computerwoche, 05.03.2012, Nr. 10

(4) Handys im Kampfeinsatz
aus Süddeutsche Zeitung, 15.02.2012, Ausgabe München, Bayern, Deutschland, S. 21

(5) DENKANSTOSS
aus Frankfurter Allgemeine Zeitung, 28.02.2012, Nr. 50, S. B2

(6) Mobility verlangt von IT-Shops Kulturwandel
aus Computerwoche, 05.03.2012, Nr. 10

(7) Mobile Computing
aus iX - Magazin für Informationstechnik, 03/2012, S. 22

(8) IT-Consumerization
aus iX - Magazin für Informationstechnik, 03/2012, S. 22

(9) THE IMPACT OF MOBILE DEVICES ON INFORMATION SECURITY: A SURVEY OF IT PROFESSIONALS
aus iX - Magazin für Informationstechnik, 03/2012, S. 22

(10) Bring Your Own Device Privat-IT in 80 Prozent der deutschen Firmen geduldet
aus www.elektronikpraxis.de vom 23.02.2012

Impressum

IT-Consumerization - Private Smartphones und Tablets stellen Firmen vor Sicherheitsprobleme

Bibliografische Information der deutschen Nationalbibliothek

Die Deutsche Nationalbibliothek verzeichnet diese Publikation in der deutschen Nationalbibliografie; detaillierte bibliografische Daten sind im Internet über http://dnb.d-nb.de abrufbar.

ISBN: 978-3-7379-0386-8

© 2015 GBI-Genios Deutsche Wirtschaftsdatenbank GmbH, Freischützstraße 96, 81927 München, www.genios.de

Alle Rechte vorbehalten. Dieses Werk ist einschließlich aller seiner Teile – z.B. Texte, Tabellen und Grafiken - urheberrechtlich geschützt. Jede Verwertung außerhalb der Grenzen des Urheberrechtsgesetzes bedarf der vorherigen Zustimmung des Verlags. Dies gilt insbesondere auch für auszugsweise Nachdrucke, fotomechanische

Vervielfältigungen (Fotokopie/Mikroskopie), Übersetzungen, Auswertungen durch Datenbanken oder ähnliche Einrichtungen und die Einspeicherung und Verarbeitung in elektronischen Systemen.